南粤清风小丛书

廉洁风规

家训官箴卷

南粤清风小丛书编委会　编著

南方日报出版社
NANFANG DAILY PRESS
中国·广州

图书在版编目（CIP）数据

廉洁风规 ： 家训官箴卷 / 南粤清风小丛书编委会编著. -- 广州 ： 南方日报出版社， 2025.5. -- （南粤清风小丛书）. -- ISBN 978-7-5491-2942-3

Ⅰ. D630.9

中国国家版本馆CIP数据核字第2024WE6255号

LIANJIE FENGGUI

廉洁风规：家训官箴卷

编　　著：南粤清风小丛书编委会
出版发行：南方日报出版社
地　　址：广州市广州大道中 289 号
出 版 人：周山丹
策划统筹：阮清钰
责任编辑：黄敏虹
装帧设计：肖晓文
责任校对：阮昌汉　符文达
责任技编：王　兰
经　　销：全国新华书店
印　　刷：广州市岭美文化科技有限公司
成品尺寸：120mm×200mm
印　　张：3
字　　数：48 千字
版　　次：2025 年 5 月第 1 版
印　　次：2025 年 5 月第 1 次印刷
定　　价：16.00 元

投稿热线：（020）87360640　读者热线：（020）87363865
发现印装质量问题，影响阅读，请与承印厂联系调换。

◆ 总序 ◆

天地有正气　南粤拂清风

加强新时代廉洁文化建设是打赢反腐败斗争攻坚战持久战，一体推进“三不腐”的基础工程。2024年年初在广州召开的十三届省纪委三次全会，提出要推动新时代廉洁文化建设出新出彩，建设清廉广东。

习近平总书记指出：“研究我国反腐倡廉历史，了解我国古代廉政文化，考察我国历史上反腐倡廉的成败得失，可以给人以深刻启迪，有利于我们运用历史智慧推进反腐倡廉建设。”新时代廉洁文化建设，清廉广东建设，需要汲取中华优秀传统文化中的廉洁思想营养，尤其是古代廉政文化。

以广东为发祥地和中心地的岭南文化，是中华优秀传统文化的重要组成部分，蕴藏着丰富多彩的廉洁文化基因，培育了一大批生长于斯、尚廉行洁的优秀先贤廉士，其中有持身养正的廉官，也有一心为民的公仆；有勤政务实的能吏，也有谨严治事的严官；有正大刚方的直臣，也有世传清白的家族，等等。

近年来，我社与广东省纪委监委、省委宣传部、省文明办等共同编撰出版了《南粤清风——广东古代清官故事》《廉润南粤》《勤廉风范》以及“岭南好风尚”丛书、“我们的价值观十二讲丛书”等一批倡廉文化图书，涵养新时代共产党人的从政品德和良好家风。

基于上述图书编写经验积累和创新表达探索，我们策划了这套“南粤清风小丛书”，其宗旨与前述作品始终一以贯之，即在于挖掘南粤大地的廉洁文化基因，并加以创造性转化和创新性发展，为清廉广东建设提供助力。

“南粤清风小丛书”一套5种，分别为《廉洁风土：山川胜迹卷》《廉洁风物：物华特产卷》《廉洁风规：家训官箴卷》《廉洁风雅：诗词歌赋卷》《廉洁风度：南粤先贤卷》，旨在通过与廉洁文化相关的地理、物产、训箴、诗歌、先贤故事等展现南粤大地源远流长、丰富绚烂的廉洁文化，打造新时期廉洁文化普及性便携读本。

顾名思义，本套丛书的题眼是“风”。这“风”的意象来自《论语》中的“君子之德风”，风行草必偃。正所谓天地有正气，南粤拂清风。我们冀望廉洁文化的清风吹拂岭南大地，俾使广大党员干部厚植廉洁风土，滋养廉洁风物，秉持廉洁风规，浸润廉洁风雅，涵养廉洁风度，推动培植岭南政治生态的青山绿水。

总而言之，本套丛书主要有三个特点：

首先，立足于“粤”，注重地方性与普遍性的相融。丛书案例的第一标准即是凸显广东特色。这里所选的清官廉吏、地理特产、训箴诗词等，都与广东密切相关，将其辑录成册，可作为全省各地市的地方文化读物，进学校、进祠堂、进书院、进新时代文明实践中心等。同时又不拘泥于必须发生于粤地或必定是粤人，而是延展其普遍性和经典性原则，如《陋室铭》《爱莲说》等诗文并不创作于广东，但因其作者与广东的密切关系，且对广东有着深厚的影响，我们也将其纳入《廉洁风雅》中加以赏析。

其次，主题在“清”，兼顾教育性与趣味性的结合。本丛书侧重点就是清风、廉洁，梳理广东近代以前的清官英贤以及近现代革命英烈等，题材严肃庄重，其编写必须甄别真实性，注重教育意义和现实影响。但与此同时，我们力避其枯燥性和说教味，在编写中通过不同的题材组装和编辑手段，从地理、风物、训箴、诗词、人物等不同面向来包装和讲述，不断增强亲和力、吸引力、感染力，使其具有不一样的阅读感和贴近性。

最后，形式落“小”，达到故事性与知识性的统一。丛书不求厚重、不求详尽，而是注重小而美，小而易读，小而有趣，小而有知，内容轻松易读，形式典雅便携。5种图书虽从不同面向进行架构，但其讲述形式则是一致的，也就是以讲故事的方式进行，讲好广东的清官故事，增强其可读性，融入知识性。书中通过相关栏目设置链接了不少文化、历史、地理、科普常识等，使之内容具有更为丰富的表达，以此达到润心化人的作用。

“以铜为镜，可以正衣冠；以古为镜，可以知兴替；以人为镜，可以明得失。”本书既可供广大党员干部作为廉洁从政、修身立德的党政文化读物，也可作为广大青少年了解乡土、学习先贤的特色地方读本。

本丛书的编写和出版得到了省委宣传部、驻省委宣传部纪检监察组的指导和支持，被列入2024年省直宣传系统加强新时代廉洁文化建设工作任务清单的“主题图书出版”项目，在此致以衷心的感谢！

本书编委会

2024年12月

目录

壹　家训养廉

贰　祠联劝廉

叁　乡约诫廉

肆　官箴倡廉

壹

家训养廉

彭氏家训：务勤俭而兴家庭

廉箴古训

延年彭公之家训（节选）

立行必诚而无伪，御下必恩而有礼。务勤俭以兴家庭，务谦厚以处乡里。毋事奢淫，毋事赌博。毋事讼以害俗，毋事酗酒以丧德。毋以富欺贫，毋以贵骄贱。毋以强凌弱，毋以下犯上。毋以小忿而失大义，毋听妇言而伤和气。毋多言以取祸，毋责人以求备。毋为亏心之事以损阴阳，毋为不洁之行以辱先人。毋以小善而不为，毋以小不善而为之。

品训说廉

自北宋一代名臣彭延年致仕归潮以来，彭氏家族便在广东各地扎根繁衍，发展至今，其清廉重教的家风也随之代代传承，成为粤东一段广为流传的佳话。深圳坪山彭氏一直将《延年彭公之家训》作为立身处事的准则，不论世事如何变迁，这些训条始终指引着彭氏族人坚守廉、诚、智、信文化。

彭延年（1009—1095），是彭姓入粤始祖，有六子八孙，其后代除遍布粤东各地外，也繁衍于海内外。据记载，彭延年在京为官时，秉公执法，勤于案牍，善于详察闻见。哪怕是穷民贱胥，他也能为其转达衷曲，从不冤判一人，前后平反了不少冤案，深得人心。面对权贵，胸怀百姓的他毫不畏惧，绝不与之同流合污，即便因此被贬离京，他依旧坚持清廉公正的为官之道，专心为民谋求福祉。

彭延年任潮州刺史期间也颇有建树，同潮民福患与共。当时潮州匪患作乱，潮民苦不堪言，他先挖井三十六口以应战乱用水之需，后披坚执锐，

彭延年画像

率骁勇二千余人勇击匪寇，断指而不顾，誓曰：“士死志，将死鼓，臣死君，子死父，生人之大节也。”数次激战，终获胜利。此外，他不仅减免赋税，还大力修筑韩江堤，治水救灾。百姓们纷纷歌颂道：“解结理絮，惟我彭公；复我生我，有我彭公。”政声上达，当时的皇帝宋神宗得知后，亲赐“玺书褒谕”，并召他回朝中任大理寺正卿。临行之时，潮州百姓感其恩德，不停挽留，“老幼遮道涕泣”，乃至流连七日方动身。

“剔奸辨冤，秉公执法；赈灾祛弊，复业重农；修武御寇，平乱决胜。”就如后人所评价的这般，彭延年立身处世的一言一行即一条条生动的彭氏家训。坪山石井村彭氏家族人才辈出，后裔子孙中为官者不在少数，皆谨记家训信条，做人坦坦荡荡，做事勤勤恳恳，更以身作则，将奉公守法的廉洁家风代代相传。

清白传芳

彭晓帆（1908—2000），坪山彭氏三十三世子孙，是新中国首位农业税专家，曾主持起草新中国第一部《农业税法》。中华人民共和国成立前任职国民政府广西税务处督察期间，他严拒了当地个别官员的送礼，并在大会上重点批评了行贿之风。尽管他位居高官，但族人都知道他从不为己谋私利，因而从不求他帮忙。晚年见国内财经人才缺乏，他还自发创办了广东财经职业学院并担任校长，坚持“办学不是为了赚钱，是为国家培养人才”的理念。彭晓帆一生光明坦荡，正直清廉，乐于奉献，虽遭遇不少波折险难，却始终不改初衷。

黄氏家训：
节俭宜崇，非为宜戒

廉箴古训

塱头村黄氏家训

孝悌宜敦，乡党宜睦；礼让宜明，廉耻宜正；
习读宜勤，农桑宜重；节俭宜崇，非为宜戒。

塱头古村友兰公祠

◆ 品训说廉 ◆

广州市花都区塱头古村有一座著名的友兰公祠，在公祠的门匾上方，一幅画着四棵白菜的壁画引人注目。古村的黄氏后人说，这白菜有着即使粗茶淡饭也要供孩子读书的深刻寓意。塱头黄氏耕读传家、人才辈出，廉洁重教的家风在当地远近闻名，黄皞所立下的八条家训亦深植于后裔子孙心中，历经岁月而不变更。

黄氏十四世祖黄皞（1440—1512），是塱头古村最受推崇的先贤。他不仅为人廉洁爱民，刚正不阿，有“铁汉公”之称，还极为重视家规家学，教子有方，为黄家赢得“七子五登科，父子两乡贤”的美誉。为官期间，黄皞毫不惧怕权势威逼，始终依法秉公地处理政务，甚至多次抵牾权宦。即使在官场遭受打压孤立，他也依然不动摇本心，坚持在其位、谋其职，两袖清风。

塱头古村至今仍流传着不少关于“铁汉公”为官大公无私、造福百姓的清廉故事。据传，黄皞任江西布政使司时，主要负责督办钱粮储备事务，刚一到任便打击豪奸，雷厉风行地消除了江西钱谷事务之积弊。对于繁复杂乱的财政账目，黄皞仔细勘算，将藏匿在钱粮账目中的“猫腻”逐一算清纠正。经过一段时间的整顿，江西粮政大修，当地百姓深受其惠。除此之外，“奉旨放木鹅，不忍多占地”“在云南开仓赈灾”“建青云桥，造福乡里”……黄皞的廉洁大义之举无数，桩桩件件无不令人闻之钦佩，感之于心。

辞官归乡后的黄皞更是对于子孙教育格外上心，以身作则，言传身教，强调诗书传家，寄望后人能够尊学重教，爱国为民。在黄皞重视文教的影响下，塱头村好学成风，成为远近闻名的进士村，先后曾有十余人考取了进士或举人，书香之家林立，人才之辈涌现。“孝悌宜敦，乡党宜睦；礼让宜明，廉耻宜正；习读宜勤，农桑宜重；节俭宜崇，非为宜戒”的黄氏家训也由此流传至今，影响着一代又一代的黄氏后人。

清白传芳

黄学准（生卒年不详），是黄皞第五子，黄氏十五世祖。嘉靖二十三年（1544）黄学准任潜江知县期间，当地水患肆虐，他即率民众筑堤、浚河，在被水侵蚀的城墙北边抛石筑矶、固城抗洪。县城出入不便，市井零乱，他便多次实地踏勘城池，征求耆老乡绅意见后修建四门，改善潜江治安。由于潜江百姓还深受匪患，不少盗匪流窜横行于鄂湘之间，烧杀抢掠，他便出计擒匪，安定一方。黄学准在潜江执政六年，为政公正廉明，作风正派；处事坚持原则，不阿权贵。黄学准与父亲黄皞的故事，成为塱头古村廉洁历史文化中的一段佳话。

霍氏家训：知粟入艰难，不生侈心

◆ 廉箴古训 ◆

石头村霍氏家训（节选）

凡子侄，多忌农作，不知幼事农业，则知粟入艰难，不生侈心。幼事农业，则习恒敦实，不生邪心。幼事农业，力涉勤苦，能兴起善心，以免于罪戾。故子侄不可不力农作。

凡富家，久则衰倾，由无功而食人之食。夫无功食人之食，是谓厉民自养。凡厉民自养，则有天殃。故久享富佚，则致衰倾，甚则为奴仆，为牛马。是故子侄不可不力农作。汉取士，设孝悌力田科，敦实务本也。

凡为官者，如皆取之农家，有不恤民艰者或寡矣。子侄入社学，遇农时俱皆力农，一日或寅卯力农，未申读书；或寅卯读书，未申力农。或春夏力农，秋冬读书，勿袖手坐食，以致穷困。

凡社学师，须考社学生务农力本，居家孝悌，以纪行实。乡间骄贵子弟，耻力田，勿强。本家子侄兄弟，入社学，耻力田，耻本分生理，初犯责二十，再犯斥三十，三犯斥出，不许入社学。

品训说廉

霍氏家族的先祖最初以贩卖鸭蛋谋生，后来通过购买沙田、经商置业而发家致富，甚至一度主导佛山的铸造业，成为广东佛山富甲一方的名门望族。霍氏家族最为杰出的人物当属霍韬，他所撰写的家训时刻警示着霍氏子弟要保持敦实清廉的本分，要“知粟入艰难，不生侈心”，其“君子爱财，取之以道”的治家理念也是霍氏家族发展数年而经久不衰之要诀。

霍韬（1487—1540），霍氏六世祖，平生勤奋上进，广博多学，文人学士多称他为“渭崖先生”。霍韬为朝臣时是端人正士，对朝堂之事有着自己鲜明的观点，常直言不讳，针砭时弊。据《明史·霍韬传》记载，“大礼朝议”斗争之时，霍韬援引古礼，揆之事体，义正词严地主张明世宗应尊生父兴献王为皇考，而非群臣同议为皇叔考之名称，以一己之力使得明世宗最后采纳了他的主张。事后明世宗三次欲升其官，他皆以避嫌媚上取宠为由，坚辞不受。

身为乡宦，霍韬大义当先，以廉为重。嘉靖初年，霍氏族人依靠开拓沙田迅速致富的同时，引发了同邻族间的纷争，甚至一度闹出人命。霍韬对此进行了深刻反省，而后在家书中写道："自来士大夫凡有权势者多难保有终誉，虽其本身不修，实德不足所致，亦一半由家人兄弟妻子累之也。予之不德，固惟日恐畏，真如临深，真如履薄。"自此，他下令禁止族中子弟再经营沙田。此外，他还支持南海知县黄正色对霍氏族人的不法行为进行打击，

佛山霍氏大宗祠

将霍氏的家族发展拉回正道。

修身齐家是霍韬所推崇的伦理规范，也是霍氏家族代代发展的重要内容。霍氏一方面建立霍勉斋公家庙、椿林霍公祠、霍氏家庙等公祠家庙，并修建一座霍氏家庙碑，以记载氏族与宗祠产业情况；另一方面，兴建地方社学石头书院、四峰书院等。《霍氏家训》不仅对于本族子孙后辈有着训诫之意，更推动了当地形成廉洁好学之风气，惠泽良广。

清白传芳

霍子衡（？—1646），霍韬玄孙，霍氏九世祖，字觉商。万历三十四年（1606）举于乡，历任国子助教，户部司务主事袁州知府，为官廉洁自持，政声丕著。后唐王弟朱聿鐭即位于广州，召霍子衡为太仆卿，于是，他便携全家搬到羊城。绍武年间，清兵攻打广州，他顽强抗敌，视死如归，浴血奋战至最后一刻，城破后他挥笔写下“忠孝节烈之家”六字悬挂于中堂，便投井而死。其一家妻子老小及侍婢小厮，也相继投井自尽，唯有三孙得存。后来，皇帝赐“满门忠烈”牌匾以旌表之。

庞氏家训：得之不以义，其子孙必不能享

廉箴古训

庞氏家训（节选）

田地财物，得之不以义，其子孙必不能享。古人造钱字，一金二戈，盖言利少而害多，旁有劫夺之祸。其聚也，未必皆以善得之，故其散也，奔溃四出，亦岂能以善去，殃其身及其子孙。“多藏必厚亡”，老子之名言，信矣！人生福禄自有定分，惟择其理之所当为，力之所能为者。尽其在我，俟命于天。此心知足，虽蔬食菜羹，终身有余乐；苟不知分量，曲意求盈，虽欺天罔人而不顾，有不颠覆者乎？若能勉给岁月，不以饥寒遗子孙。此身之外，皆为长物，何自为苦为。

◆ 品训说廉 ◆

《庞氏家训》为庞尚鹏所撰，全文6000余字，内容极为丰富，举凡士农工商各业、冠婚丧祭诸礼、日常生活及待人接物等无不谈及。此家训是庞氏族人处世立身、为人做事的基准，其中所蕴含的中华民族优良的家庭教育传统，至今仍有宝贵的示范意义。

庞尚鹏（1524—1580），广东南海（今广东佛山）人 ，明朝名臣，是著名经济改革家。他始终以廉为本，不阿谀奉承豪势权贵，任官伊起便关心百姓疾苦，重视民意，廉洁奉公，执法如山，时有民谣赞曰："一廉如水，一猛如虎"，被誉为"庞铁面"。为官期间，他先是严惩横暴害民的锦衣卫校官及假冒姓名免除差役的宦官下属，又大力打击达官贵府、豪门大族干扰法令者，逼使污吏纷纷辞官离去。而后，他又制定"十段锦法"和"一条鞭法"，并广泛推行，成效显著，深得民心。这不仅大大减轻了当时百姓徭役赋税的负担，还为后来全国性的赋税改革奠定了基础。

在盐政上，庞尚鹏勇于革新，廉正自持，其他监督盐政的御史深以为忌。隆庆二年（1568），庞尚鹏受荐总理九边盐政。在任期间，他制订了

“小盐法”，即按等级制定盐价，命盐场定期派专人以现银向盐户收购余盐，从而打击了权贵舞弊、私盐横溢的行为。后来，朝廷将这一改革新法推广到全国，国家边储得以充实，且改善了国家的盐政状况。

此外，庞尚鹏在地方积极兴办儒学，招收商人及灶户子弟入学，并从中选拔政府理盐的官吏。同时，他对教育子女也十分重视，写有《庞氏家训》，其中《严约束》一篇提及：“田地财物，得之不以义，其子孙必不能享。”此训诫后人不得贪

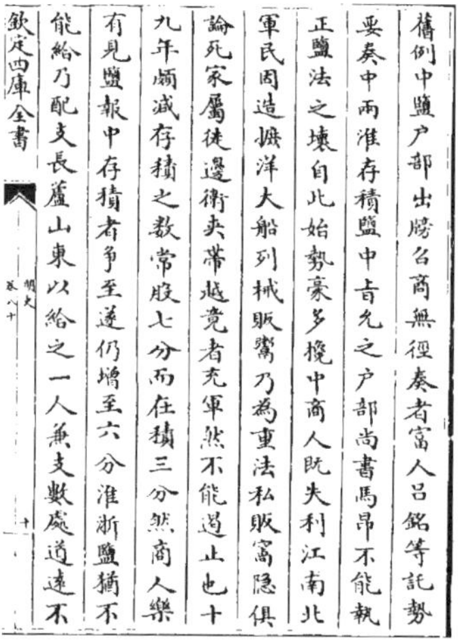
舊例中鹽戶部出牓召商無徑奏者富人呂銘等託勢
要奏中兩淮存積鹽中旨允之戶部尚書馬昂不能執
正鹽法之壞自此始勢豪多攙中商人既失利江南北
軍民因造擬洋大船列械販鬻乃爲重法私販窩隱俱
論死家屬徙邊衛夾帶越竟者充軍然不能遏止也十
九年稍減存積之數常股七分而在積三分然商人樂
有見鹽報中存積者爭至遂仍增至六分淮浙鹽猶不
能給乃配支長蘆山東以給之一人兼支數處道遠不
欽定四庫全書　明史 卷八十

《明史》中记载庞尚鹏整顿盐政的事迹

图不义之财，财富必须取之有道。在优良家风的影响下，庞氏后人有为官者，有经商者，不论从事何种职业，均多谦恭有礼，颇有善名。《庞氏家训》是庞尚鹏治家的心血结晶，在当今的日常生活中也同样具有警醒作用。

◆ 清白传芳 ◆

庞尚鸿（生卒年不详），是庞尚鹏之弟。他遇事刚决，不随流俗，为官时对上多直言上疏，对下常为民谋福，政绩卓著。河水决堤致使百姓不得安宁，他便撰写了《治河三策》以解决水患；时有权贵堵塞吴淞江，他不畏权势，勇开水路，使得河道通行如故。自任官以来，他上疏了几十封有关治国治水要务的奏章，多被采纳，实行颇有成效。辞官回乡后，庞尚鸿则捐粮助学，购置义田赡养族人和贫困乡民。万历三十七年（1609），庞尚鸿还参与了《南海县志》的修编，此书流传至今已有四百余年。

罗氏家训：勤俭兴家，清白存心

◆ 廉箴古训 ◆

豫章罗氏诫子孙训（节选）

诰尔子孙，戒尔子孙：原尔所生，出我一本，虽有外戚，不如族人。荣辱相关，利害相及，宗谊为重，财器为轻。危急相济，善恶相正。为父者当慈，为子者当孝，为兄者宜爱其弟，为弟者宜敬其兄，士农工商，各勤其事，冠婚丧祭，必循乎礼，乐士敬贤，隆师教子，守份奉公，及人推己，闺门有法，亲朋有义。

◆ 品训说廉 ◆

深圳市龙岗区坐落着一个烙有深刻历史印记的客家围堡——鹤湖新居，“勤俭兴家、清白存心”的罗氏族人便世代栖居在这方幽静的水土上。《豫章罗氏诫子孙训》为罗珠（豫章罗氏的始祖）所制定，它融合了“俭、廉、孝、礼、信”等理念，潜移默化地影响着鹤湖罗氏的思想，是促使罗氏家族经久不衰、生生不息的灵魂，给鹤湖后人留下了宝贵的精神财富。

罗瑞凤（1714—1796）是龙岗鹤湖罗氏的开基先祖。清乾隆二十三年（1758），他从兴宁来到龙岗，白手起家，经商谋生，秉承“公平交易、童叟无欺”的原则，历经二十多年的艰苦奋斗，实现了脱贫致富。与此同时，罗瑞凤也不忘教育子孙要勤俭持家、廉洁仁义，形成了世代流传的良好家风。罗瑞凤之子皆继承了其父艰苦创业的作风，父子以

鹤湖新居

“瑞合”为商号，在当地开酿酒作坊、糖寮、榨油坊等，经过一番努力拼搏，积聚了百万家财，成为当年显赫一时的龙岗首富。鹤湖罗氏便由此发端，创造了“亲仁尤在”“聚族于斯”的家族史话，距今已有200多年历史。

从罗家后人及当地人的口述中得知，罗瑞凤当年创业时，省吃俭用，生活过得十分节俭。初到龙岗时，他无地无产，只能当个小贩，挑着箩筐日日来回于龙岗、凤岗之间。他每天凌晨就出门干活，随身带一块用盐泡过的鹅卵石，吃饭时拿出来舔一舔当下饭菜。罗瑞凤勤俭的小故事在罗氏家族间代代相传，使族人得以体会到祖先创业的艰辛不易，以及“财从俭中来”的道理。

《鹤湖谱》记载，罗瑞凤等罗氏后人谨遵《豫章罗氏诫子孙训》中训言，“士农工商，各勤其事”，为官者无不清正廉洁，为商者均以勤俭兴家。正因有此良好家训，豫章罗氏家族不仅后裔多为人处世以谦让为本，忠厚为怀，且瓜瓞绵延，人丁兴旺，如今发展成了中华罗氏中繁衍昌盛之一派。

清白传芳

罗兆熊（生卒年不详），是鹤湖罗氏第三代，罗瑞凤之孙。他才识渊博，曾任广州府儒学正堂，掌管全府的教育工作，负责主持人才选拔考试；宅心仁厚，用自己的俸银赈灾，救济贫苦百姓，俸银不够时便从家中寻求捐资帮助。罗氏族谱记载，道光十四年（1834），龙岗一带爆发水灾，罗兆熊积极投入赈灾队伍，先后立下不少功劳，朝廷因此赐予“大夫第”匾。罗家现在将此匾悬挂在鹤湖新居祠堂门上，以此让子孙后人牢记个人生活要节约，对待乡里、国家要仗义疏财的行为准则。

詹氏家训：何谓廉，切莫贪，财利前生有定缘

廉箴古训

家训十六条之“训尔廉”

何谓廉，切莫贪，财利前生有定缘。
惟义是从钱不爱，利害两字总无干。
尔不要钱人必怕，子孙日后有样看。
我劝儿孙廉居心，合浦还珠只因廉。

品训说廉

广东詹氏源于江西婺源詹氏。詹氏历史悠久，家族人丁兴旺，后从江西迁居广东等各地。无论身处何方，詹氏子弟皆认为传承家训和家约是延续家族命脉的根本，世代铭记着祖辈詹同所立下的遗训——《家训十六条》和《家约十六条》。

詹天佑（1861—1919），祖籍江西婺源县，生

于广东南海县（今广州市）。出身于平民之家的詹天佑，为人坚毅刚正，求学刻苦勤勉，做事严谨认真，从不投机钻营、趋炎附势，也不奔走于权贵之门，不混迹于风月之地。他一心投入中国交通事业建设中，将所学知识与满腔热情奉献给祖国。

作为我国近代铁路工程专家，詹天佑在铁路建设领域功绩斐然：主持修建中国自主设计并建造的第一条铁路——京张铁路；突破性开创"竖井施工法"和"人"字形线路；参与筹划修建沪嘉、洛潼、津芦、锦州、萍醴、新易、潮汕、粤汉等多条重要铁路，提高了我国交通建设的独立性，被誉为"中国铁路之父"与"中国近代工程之父"。在筑路的过程中，他秉持一丝不苟的科学态度、清廉实干的工作作风，严控工程成本开支，杜绝贪污贿赂，以保证工程质量。他编著的《京张铁路工程纪略》，清晰、翔实地记录了京张铁路各项修筑工程的资金使用情况。针对工程中容易出现贪污腐败的环节，他制定并实施了一系列章程规定和管控措施：例如关于基建用地的购买，就专门制定了二十六条章程，规定如有借故索取、私相串通等行径，"一经告发，或经察觉，立即追究"，并鼓励检举揭发；采用公开招标的方式采购水泥材料，不仅制定了统一的采购标准，还要求投标商的报价要刊登在指定报刊上，公之于众。

詹天佑深感家族先辈的教诲之益处，致力于传承并推广家族的淳朴家风。光绪十年（1884），他在编写《徽婺庐源詹氏支派世系家谱》时，将《婺源县志》上所记载的先祖事迹，逐字逐句地抄录在家谱页眉上，以此告传后世子孙。并且，他还基于詹氏家族的古老训诫，总结提出了“修业、进德、守规、处事”四大要则，时至今日仍是无价良言。

十六条家训、十六条家约，凝聚的是詹氏家族一脉相传的价值理念，其得以自明代流传至今，依靠的便是一代又一代的言传身教，以及源远流长的

詹天佑铜像

家风熏陶。詹氏家训不仅教育每一位族人要注重个人修养，培养优良道德、廉洁品质，对于当代青年的成长也有着重要的教育意义。

清白传芳

詹同济是詹天佑嫡孙，1930年生人。与祖父詹天佑一样，詹同济也醉心于钻研铁道工程。身为新中国土木工程高级工程师的他，曾在铁路工程局、铁道部机关担任技术和秘书工作。自20世纪70年代始，詹同济在铁道部出版社任编辑组长，长期从事辞书编辑工作，整理了大量詹天佑的日记和书信手稿。后来，铁道部建立詹天佑纪念馆，由詹同济出任纪念馆首任馆长及名誉馆长。其间他一直致力于詹天佑史料译编和研究，先后著有多部著作，穷尽半生为后人了解詹天佑生前事迹留下了无比珍贵的资料文献。

贰

祠联劝廉

广裕祠联：
诗书开越，忠孝传家

廉箴古训

广裕祠大门门联

诗书开越，

忠孝传家。

品训说廉

广裕祠是钱岗古迹“三宝”之一，全称“陆氏广裕祠”。明朝永乐四年（1406），为纪念先祖陆贾和陆秀夫，陆氏第十一代后人陆广裕南迁广州市钱岗古村后，便主持集资在当地修建了一座祠堂，广裕祠由此得名。大门两侧镌刻的八字对联“诗书开越，忠孝传家”，成为陆氏家族坚定不移的行为准则，陆氏后人世代拥祠而居，守护着祖辈留下的精神家业。

这八字门联上下二联所讲述的，即陆贾、陆秀夫两人为国为民的历史功绩。公元前204年，秦将赵佗乘中原楚汉相争之机，在岭南自立南越国。时汉朝刚建，战事初平，刘邦虽欲一统岭南却兵力疲弱，于是，他便派当时著名的政论家陆贾南下说越归汉。陆贾初到广州时，并不受待见，但最终凭借智谋与口才，成功说服了南越王，使得南北两地得以融合发展。如今广裕祠的木桩上仍刻着“三寸舌能胜百万兵戈，开越说佗归汉室”一言，以此彰显陆贾的丰功伟绩。

千余年后，陆氏南宋名臣陆秀夫再下岭南，也在史书上留下了一段忠烈壮举。陆秀夫官至相国时，南宋王朝的江山已然摇摇欲坠。1279年，元军大举进攻都城，陆秀夫等朝臣无奈只得辅弼幼主南下广东崖山，但这依然无法改变南宋灭亡的结局。陆秀夫身为南宋臣子，宁死不屈，绝不苟活，背起年幼的宋末皇帝赵昺投海殉国了。这一忠烈殉国之史事随广裕祠木柱上的字句而流传千古，令人感叹敬佩。

国人难忘祖先，而广府人尤盛。陆氏后人把先祖的事迹镌刻在祠堂的字里行间，使得广裕祠不只是一座普通的广府家族祠堂，更承载着独特厚重的历史印记，以及世代传扬的忠于祖国、忠于人民的伟大精神。如今的钱岗古村已经历百年风雨，陆氏

广裕祠

后人仍始终牢记着先祖“诗书开越，忠孝传家”的教诲，将忠义仁孝的家风传承发扬。广裕祠千秋栋梁在，陆氏家族的忠孝家风便能永存。

清白传芳

陆日新（生卒年不详），陆氏后人。抗日战争时期，还在上大学的陆日新毅然回乡，组织村民成立了南武工队和钱岗抗日自卫队。并且，在他的带动下，钱岗村先后有多名陆氏村民加入了东江纵队。陆日新带领村民与日军多番激战，在广裕祠旁的两座高山“猪屎岭”和“水窿顶”建炮楼、挖地洞，凭着犄角之势打击了日军的侵略势力，誓死保卫钱岗家园。陆日新遵循“忠孝传家”的祖训，用实际行动弘扬了陆氏家族所倡导的忠于祖国、忠于人民的伟大精神。

周氏大宗祠联：
溁水开绵瓞，宗风说爱莲

◆ 廉箴古训 ◆

“孖祠堂”大门门联

禺山发奇秀，濂水流远馨；
溁水开绵瓞，宗风说爱莲。

◆ 品训说廉 ◆

明末清初，为了纪念开村基祖，白云龙归南村的周氏族人共同修建了周氏大宗祠。其由东西两座规模形制和装饰风格相同的祠堂组成，当地人遂称为“孖祠堂”，寄寓后代族人切莫争斗、应共进退。祠堂内雕梁画栋、古朴大气，宋代理学创始人周敦颐的名篇《爱莲说》镌刻其中，重教、好义、廉洁的周氏家风随之相传至今。

周敦颐（1017—1073），周氏先祖，北宋五子之一。周敦颐为官三十余载，做事坚守原则，从不贪慕钱财。他对良民百姓一向平易温和，对作奸犯科的宵小之辈则刚正不阿、铁面无私。虽然历任官职皆不高，但他却始终为民造福，以清廉传世，黄庭坚更是称其“人品甚高，胸怀洒落，如光风霁月”。宋仁宗嘉祐八年（1063），周敦颐写就千古名篇《爱莲说》，全篇仅用119字托物言志，便表明了高洁坦荡、光明磊落的价值追求。其不仅是流传千古的文学名篇，更是周氏家族宝贵的精神财富，激励着周氏后人“出淤泥而不染，濯清涟而不妖”。

在周氏大宗祠上，一块书有“仁风”二字的巨匾引人注目，它的背后是周氏家族百年前的一桩义举。1915年7月，广州市东、西、北三江上游连日大雨，导致江水暴涨数丈，省城一带多处堤围崩决，死伤者众多，史称“乙卯年大水”。而邻近南村的夏茅村也难逃此灾，损失惨重，南村的周氏族人牢记爱莲遗训，见此纷纷施以援手，用家中存粮赈济夏茅村村民。洪涝过后，夏茅村深感恩惠，便专门请僧人写匾赠予南村周氏。直至今日，南村与夏茅村关系依然友好，时常互帮互助。

以仁义传世，以孝德育人，清正廉洁的爱莲遗训，或许就是岭南周氏能够绵延千年的关键所在。如今，南村周氏大宗祠历经沧桑而风采愈盛，在岁月的长河中巍然屹立。廉洁家风从此处绵延不绝地吹向岭南大地，让世人都能够通过孖祠堂了解周氏家族的廉洁之史，以此为鉴。

清白传芳

周启华（生卒年不详），周氏后人。20世纪20年代，南村不少孩子因家贫而失学，周启华由此深感家乡教育落后，便毅然留在了国内捐资助学。他将自家祖屋改作校舍，用侨汇添置桌椅、教具，并且亲自担任老师。私塾后发展为“培英小学”，经

周氏大宗祠

营不求盈利，还会给贫苦好学的学生减免费用。在经济凋敝、社会动荡的抗战期间，周启华甚至变卖田产，以维持教学。“结业家资尽，园留桃李芳。清贫无足吝，曾幸育贤良。”此诗映照出周启华的一生心迹，同时也是濂溪后人重学家风的一个缩影。

扶提庙联：扶持培国脉，提拔保民心

◆ 廉箴古训 ◆

扶提庙庙堂正联

扶持培国脉，

提拔保民心。

◆ 品训说廉 ◆

茂名市扶提庙始建于宋仁宗时期，后历经五次重修，现为茂名市文物保护单位。重修后的扶提庙高大庄重，燕山吴氏始祖吴廷瑜的遗训“扶持培国脉，提拔保民心”，作正联高悬于庙堂之上。近千年来，这一祖训始终敦告吴氏后人要相互扶持提拔，为国家培育人才，对民众关心爱护。

吴廷瑜（976—1058），吴太伯第七十八代孙。吴廷瑜为人忠正刚直，不惧权势，遇事敢于谏言，以至于在朝中树敌众多，权贵不满。皇祐四年（1052），他被贬至交趾（今越南北部）负责平乱，却又因祸起萧墙，被诬告险遭死罪，幸得平反。吴廷瑜虽处逆境，却并未因此消沉堕落，反而直面人生，不改本色，选择了举家南下，卜居上村。定居岭南后，吴廷瑜立即积极组织当地民众治理江河、发展生产，并教育子孙后代要“上供国税，下诒孙谋”，营造了一片民众安居建业的乐土，深受百姓尊崇与爱戴。

“扶持培国脉，提拔保民心”，吴廷瑜立此家训，一方面是希望吴氏家族能够培养出更多国家之人才、民族之栋梁，以小家之力助推大国繁荣昌盛；另一方面，是告诫子孙要发愤图强，爱国为

扶提庙内古联

民，多做实事保民生，得到百姓信任和拥戴，如此方不负为政之德。上村吴氏一脉，秉承先祖遗训，历代族人无论是编纂族谱，还是修建祠堂庙宇，都一定会将祖训的内容融入其中，如此乃是意在使后人能够铭记先贤的谆谆教诲。

祖训悬庙堂，后人当传承。吴廷瑜“扶持培国脉，提拔保民心”的祖训一直启迪吴氏后人应如何立德、做人、为官。近年来，吴氏家族更是注重挖掘和弘扬爱国为民、廉洁自律的优良家风，在当地新修建了“茂名（燕山）扶提崇德文化博览馆”和“茂名（上村）扶提崇德文化中心”，并整理编撰出《点赞茂名》等四份史料，初步形成了具有上村特色的“茂名（燕山）扶提崇德文化体系”，不断将吴氏家风发扬光大。

清白传芳

吴乃缵（生卒年不详），字伟汉，吴廷瑜第二十七世孙。吴乃缵尊崇“扶持培国脉，提拔保民心”的祖训，格外重视民生，关心国家命运。他担任广东省商会副会长时，不仅捐资支持南洋《民声报》的创办，还支持孙中山的革命事业，倾尽绵薄之力助推革命洪潮。由于岭南洪涝灾害频繁，他还散财救济灾民，并捐款援修梅江至坡头段的大堤以防洪，保护了沿岸百姓的家园。后人念其恩德，便将该堤命名为“伟汉堤”。

集义堂联：官勿论高，惟以爱民为最贵

廉箴古训

集义堂官厅柱联

官勿论高，惟以爱民为最贵；

厅休嫌小，但能昌族亦云佳。

品训说廉

《梁氏族谱》记载，明代嘉靖十二年（1533），梁氏第十世后嗣梁松冈回乡修建祠堂，取名为“集义堂”，并在集义堂的官厅中题了一副对联：“官勿论高，惟以爱民为最贵；厅休嫌小，但能昌族亦云佳。”这既是梁松冈为官清廉的真实写照，也是他留给子孙后代宝贵的精神财富，寄托了齐家治国的宏愿。

梁松冈（1488—1564），梁氏十世祖，一生忠心为国，勤政爱民，其事迹在岭南地区广为传颂。

明嘉靖十三年（1534年）选为拔贡，后出任南海县知县。其任知县期间，广东沿海一带屡遭倭寇侵扰，由于倭寇劫掠民船、烧毁村庄、无恶不作，百姓苦不堪言。梁松冈不惧艰险，积极联合地方士绅，一边加固城墙，一边组织武装力量主动出击，多次击溃倭寇的进攻，成功保境安民。梁松冈公忠体国的精神深深感动了当地百姓，南海民众为纪念这位抗倭英雄，便在明末建墟时将三江都司山南堡改名为松冈墟（今佛山市南海区松冈社区）。梁氏家风在梁松冈的垂范下蔚然成风，为官出仕者均忠国爱民，守廉明耻。

此外，梁松冈自幼便聪明好学，在书房挂有“夜眠人静后，早起鸟啼先”一联，以此激励自己

梁松冈画像

惜时勤读。他在集义堂内也写有“诗书传家，文章华国”的古训，希望族人能够崇文尚儒，诗书传家。千年来，梁氏家族始终秉承着尊文重教的传统，后代人才辈出，涌现出大批仁人志士。有文献记载，梁松冈六子中有三子是举人，而这三子的后人中，曾产生19位举人，19位拔贡、岁贡和恩贡，100多位秀才。在他们身上，诗书礼仪、家国情怀皆得以彰显。诗书仁孝的家风逐渐成为梁氏家族赖以生存的精神和力量。

清廉为本，诗书传家。梁氏后人十分看重祖训家风的传承，为了将祖训中的“崇文重教”发扬光大，在当地成立了梁氏安定奖助学会，以激励学子勤学成才。该助学会自成立以来，面向怀集县开展了一系列奖教助学及扶助贫困学子的活动，并积极宣传梁氏宗亲各行各业杰出代表和外出乡贤艰苦创业的先进事迹，树立榜样。梁氏家风也由此在新时代被赋予了更加丰富的内涵，鼓舞更多青年走向广阔的人生舞台。

清白传芳

梁琨（生卒年不详），梁氏后人。他为官清廉，一心为民，深得百姓拥戴。清康熙二十七年

（1688），梁骃任职四川屏山。当地自然灾害频发，百姓多不堪其苦。于是，他便散尽官俸救济灾民，同时上书朝廷陈表四川百姓疾苦，提出改革措施并请求减免当地赋税。后因朝廷没有采纳他的意见，梁骃遂上书辞职回乡。辞官返乡时盘缠费短缺，民众闻讯纷纷解囊相助，方得顺利从四川回到梓里。梁骃对此感念至深，详细记录下各笔善款，并题诗抒怀："一尘不染自安贫，亦是为官本等身。我念斯民民念我，青钱个个送行频。"

通议大夫第联：登堂莫惭清白吏子孙

◆ 廉箴古训 ◆

通议大夫第下厅柱联

入庙犹见大夫家礼器，
登堂莫惭清白吏子孙。

◆ 品训说廉 ◆

百侯杨氏是梅州大埔远近闻名的诗书世家，家族文风鼎盛，人才辈出，“一腹三翰林”的典故便出自杨氏一族。这“一腹三翰林”是通议大夫第的俗称。通议大夫第，是杨之徐之子杨缵绪的故居，建成于清乾隆三十八年（1773）。因为杨缵绪与其弟杨黼时、杨演时，先后在清康熙、雍正、乾隆年间考取进士，并且都成为翰林院大学士，故得此名。

杨缵绪（1697—1771），康熙六十年（1721）

进士，历任吏部员外郎、山西省察御史，后累官至陕西按察使。他为官清正刚直，颇具胆识。曾以焦弘勋案与庄亲王抗礼，面对权贵面不改色，秉公执法，不附不阿，因此惊动京师，名噪一时。此外，杨缵绪才学深厚，曾两次出任清代广东最高学府广州粤秀书院院长，被誉为“状元之师”。其妻也因上事祖姑，下逮玄孙共七代，而受御赐“七叶衍祥”金匾。杨氏崇文尚教的良好家风可见一斑。

杨缵绪在陕西任按察使时，还由“一腹三翰院”衍生了一个小故事。相传，江西有个县，隔河

通议大夫第

出两个宰相，纵横十里出了九个状元，皇帝因而钦赐“文官下轿，武官下马”的石碑立于路旁。某天，杨缵绪之母饶氏前往陕西探望，途经该地时轿夫便让其下轿，饶氏困惑不解，轿夫遂手指石碑解释缘由，饶氏听后则令其大胆前行。后果遭当地人拦轿责问，但饶氏不慌不忙，只拍着肚皮回答：“你们地方是显贵，但是近在隔河，远在十里，哪有我小小肚皮‘一腹三翰院’？”那些当地人闻之皆惭愧地退下让路。此事口口相传，至今仍为人们津津乐道。

家虽小，家风却具传世之能。“入庙犹见大夫家礼器，登堂莫惭清白吏子孙”，百侯杨氏以诗书传家，好学成风，教育有方。杨氏家族既有父子进士、三世科甲，又有兄弟七进士，为各朝各代培养了清正才高的廉吏能人无数，功名赫赫。千年岁月转瞬即逝，而杨氏家风廉洁重学的核心内涵始终在历史长河中熠熠生辉，不断为更多人所深知学习。

清白传芳

杨演时（1711—1774），杨之徐第七子，杨缵绪之弟。乾隆年间，他先后考取举人、进士，授翰林院编修。罢官归家后，他则开设书斋，闭门讲学。在书斋的楹柱上，他还自撰了一副对联：“容膝易安，且喜藏书万卷；力田有获，何如教子一经。”后来，他受聘主持潮州龙湖书院，秉承着“从心体验”的教学宗旨，不久便重振当地文风。适逢潮州府修志，杨演时竭力协助，搜集文献，助其成书。言语不溢美，不隐恶，凡潮属利弊，悉志之于书，不以私情掩其丑。潮州知府周硕勋十分钦佩道：“杨君真道学人也。”

叁

乡约诫廉

湛若水《沙堤乡约》：尚礼义，恤患难

◆ 廉箴古训 ◆

沙堤乡约之“尚礼义”篇（节选）

父子相亲、兄弟相友、长幼相爱、夫妇相敬、朋友相信、有恩相亲、有礼相接，与凡父坐子立，夫妇如宾，兄先弟随之类。《孟子》曰：徐行后长者，谓之弟疾，行先长者，谓之不弟，行路遇长于己者，则让之先行，而己随之，若遇长者来，则少者立，待长者过乃行，已若骑马遇长者，则下马或引马避之，若长者避之，则至其处下马，请出揖之。凡坐，不可分上户下户，率以齿为序。《易》曰：谦，尊而光，卑而不可逾。岂不是好。凡遇冬年节、则同甲之人各相往来拜贺，有婚嫁丧葬，皆宜相吊相助，以尽其情可也。

◆ 品训说廉 ◆

《沙堤乡约》创行于明代嘉靖二十三年（1544），又名《沙堤圣训约》，是一部由湛若水主约，伍克刚担任副主约，14个不同姓氏乡民代表共同参与约定而成的古代乡规民约。其中包含“尚礼义、恤患难、立臧否、行保甲、躬巡省”五个部分，是湛若水“刑德并用，以德为主”政治主张的集中体现，同时也是村民自治的开创性举措，开宗族团结和谐的先河。

湛若水（1466—1560），世称“甘泉先生”。他仕途顺遂，先后历任翰林院编修、吏部尚书、太子少保等职务，为官一向清正爱民，政绩斐然。明正德七年（1512），湛若水受朝廷指派，出使安南国（今越南），执行册封安南王的任务。任务完成后，安南国王私下欲赠送价值不菲的金币等礼物给他，被其婉言谢绝，并作《辞安南国赠物对》一文，说道：“赠送金银财物给他人，不如赠送箴言鼓励。国王既已赠言，又何须另外馈赠金物？”除此之外，他还多次上疏，劝谏皇帝“戒游逸”“勤政亲贤”，施行仁政。

湛若水不仅为官始终秉持清廉之心，生活上也力行简朴之道。在《治官舍后小圃种蔬大吟》一

湛若水

诗中，他描述了在自家菜园里栽种蔬菜、自给自足的情形。他以菜园土地的纵横整饬，比作自己的内心，“周正无斜欹”。同时，他还将农事视为天下太平的根基，鼓励士大夫多从事劳动，亲身体验耕作的艰辛；举箸用餐时，要想到一粥一饭来之不易，把百姓的饥寒流离放在心里，避免糟蹋粮食。

湛若水才学深厚，学富五车，不仅是大儒陈献章门下的首席大弟子，后来还与王阳明一同复兴儒学，启发民智。回乡后广建书院，兴办讲学，并设立赡田、义田，以“馆谷”资助学生，鼓励学生应举，一时间门生无数，桃李一方。《沙堤乡约》便是在独岗书院确立的。

《沙堤乡约》是明代新塘乡村文化意识的彰显，而湛若水的言行举止，则是《沙堤乡约》最生动的书写。明朝嘉靖中期，增城社会矛盾逐步加剧，赌博、偷窃等歪风盛行，而《沙堤乡约》的推行，是为净化乡风民德，维护良好的社会风气，倡导以德治乡。虽然《沙堤乡约》推行的时间并不长，但其所倡导崇尚礼义，患难相恤的传统道德文化却一直在民间传承发扬，始终告诫人们只有团结互助、以德治乡，方能塑造朴素民风，实现共同富裕。

清白传芳

湛凤光（生卒年不详），字用喈。他幼时好学聪颖，考试名列前茅，善写七言律诗，后以教授乡村学子而闻名。康熙癸卯年（1663）中解元，授任深泽(今河北深泽)知县。湛凤光为政清廉，为民着想，上任伊始不仅立律不准向里社摊派费用，以减轻百姓负担，还会见邑中父老乡亲，关心民生，与百姓站在一处。此外，为了解决滹沱河水泛滥的问题，他还主持筑堤坝、修水利，安定一方。湛凤光因劳得疾，卒于任上，所留财物甚至不足以置办丧事，当地百姓闻之感动，争相出钱帮办，可见其廉政爱民、深得民心。

黄佐《泰泉乡礼》：德业相劝，过失相规

廉箴古训

泰泉乡礼（节选）

凡乡之约四：一曰德业相劝，二曰过失相规，三曰礼俗相交，四曰患难相恤。

二曰凡聚会，皆乡人，则坐以齿，非士类则否。若有亲，则别序。若有他客，有爵者则坐以爵，不相仿者犹以齿。若有异爵，虽乡人，亦不以齿。异爵谓命士大夫以上及京堂官皆是，虽乡人，不敢与之序齿，以尊贵故也。若主人之族有异爵属卑幼者，亦勿与席，或别席以礼之。

直月率钱具食，入约人众，每一人不过一十文；人少则随宜增之，毋过五十文。孟月朔具果酒三行，饭食一会。余月则去酒果。或直设饭，或米粉面食亦可。

品训说廉

“八百里府第，十八世书香”，所述的正是广东香山学术底蕴深厚的黄氏家族。既承家学，又传清风，入粤始祖黄宪昭因直言进谏而被贬岭南的遭际，也是黄氏家族代代居官清正的肇始。《泰泉乡礼》凝聚了黄氏族人修身克己的精神，还蕴涵着对后来者居官为人清明守正的劝勉。

黄佐（1490—1566），是香山黄氏的第八世族人，字才伯，号希斋，晚号泰泉。他不仅受到笔墨书香的濡染，成为岭南文化的卓然大家，也强调清廉慎独，是修身炼心、人文合一的清正官员。在以广西提学佥事乞休居家时，黄佐编撰了《泰泉乡礼》。其博采吕氏宗法、琼山丘氏仪节等约法立家的典范，构筑起理想的乡村秩序蓝图。其中“德业相劝，过失相规”之条目，可以说是黄佐守廉务实、克己正身的自我约束与表白。

踏入仕途后，黄佐历任翰林院编修、江西佥事、广西学政数职，其家风乡规，也顺利转化为黄佐清廉正直的政治实践。在任翰林院编修时，黄佐就提出为官“首为清、次为慎、三为勤”的箴言，将廉洁视为仕途的首要准则，以此为基础，慎行勤力地守职奉公。

在地方任职期间，将清明廉德与勤行实务结合起来，更是黄佐为政的主旋律。在广西学政任上，黄佐关切民生，注重教育，提倡乡村社学的修建，拆除造成资源财力浪费的淫祠，一洗过度祭祀的不良风气，将廉俭实干的精神深深贯彻于当地的日常生活中。

家风代际相传，文墨更彰本心。《泰泉乡礼》的成书，不仅是黄氏一族为官做人克己奉公的精神宣言，更经由广东布政使的刊刻，在省内各府州县推广开来，形成更强大的清风正气，荡涤世间。以

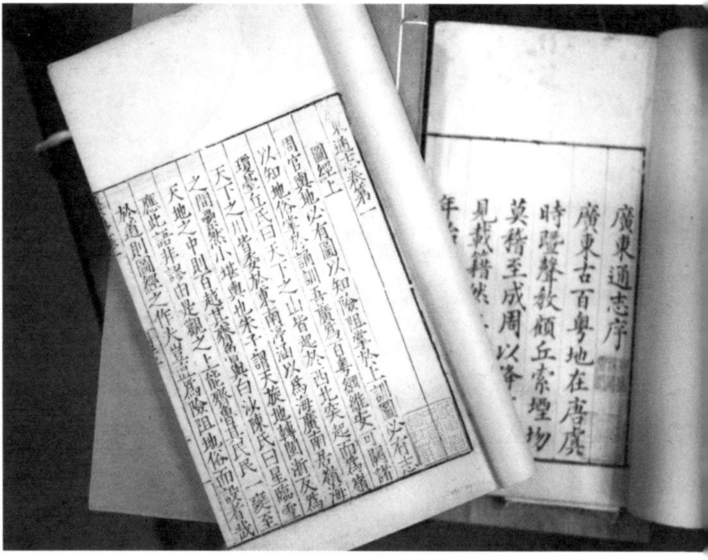

黄佐编撰的《广东通志》

礼修治，以德辅业，《泰泉乡礼》还是香山黄氏“文”“士”精神共生同传的绝佳写照：书墨有情，力透纸背，深深镌刻下不忘廉德务实的誓言与告诫；黄氏一族为官者，正是这般源源不断地走在廉政实务、清明无私的坦途之上。

清白传芳

黄绍统是黄佐的七世孙，乾隆二十四年（1759）举人。初任石城县学训导，因材施教，多扶持贫寒儒士。后迁琼州府学教授，亦潜心教学，奉公无私。相传，曾有被开除学籍的纨绔子弟送来千两银锭，又请州府高官为之说情，企图贿赂黄绍统批准该生复学。黄绍统坚定拒绝了这笔不义之财，恪守廉德，清正学风，一心于教育事业，为琼州培养了大批正派的有识之士。黄绍统曾为石城学署撰联云，“为伦类中所当行之事，作天地间不可少之人。”这是对学子的期待，也可视为其自身的写照。

唐豫《平步乡约》：财有余者，自当如仪

廉箴古训

平步乡约（节选）

其三曰：冠礼当依文公所制行之，庶见习俗之美。其谢宾束帛，不必如古人之数；饮燕之物，不必过于华盛。财有余者，自当如仪。

其四曰：婚礼旧俗，先一夕宴其子，子必据尊席而坐，以为渐老之宴，殊非礼也。今后止许设筵聚亲，子不当据尊席而坐，父当依醮礼命之，庶不违古人之意。

其五曰：礼曰“父在，子虽老犹立”，今后为子者不许坐，违者叱以辱之。

品训说廉

明代学者唐豫，出生于广东南海县平步乡（今顺德平步社区）的一个官宦之家。唐豫与其父唐奎

二人，一隐一仕，但无论在朝或是在野，这对父子刚正不屈、忘私崇德的品格未有更改。唐豫与其志同道合者共同制定推行的《平步乡约》十则，力图在为平步乡构建进步的新型规约，也提倡一种勤俭而有道、遵礼而戒奢的处世态度。

尽管绝意仕进，但生性聪颖、德行醇备的唐豫，将父辈的精神养分融入基层社会的日常生活中并加以发挥演练。他与当地的其他五位布衣逸士合称“平步六逸”，即唐豫、周祖生、周祖念、刘子羽、何淮、刘子高。他们严于德行、谨于衣冠，共同制定的《平步乡约》十则，对乡人纳粮贡税、冠婚丧葬、待人接物及读书修德等方面做出了清晰的规范。其中，时时透露出节制有道的廉俭美德。

唐奎、唐豫父子，在官场中守正不移，奉公忘私；在官场之外的乡土日常中，则遵礼崇德，戒奢重道，高度贯彻忘却私利、尊崇正道的精神旨归。《明史》记载，唐奎通晓经学，品行端正，荐授增城县学教谕一职。湛莱寇作乱时，他前往劝说，不幸被俘，最终因不愿屈降而死。唐豫痛惜父亲死于敌手，建造蓼莪亭以寄寓孝思，更将这种抛却一己之私、强调德道至上的精神注入日常生活的公共规约，薪火相传。

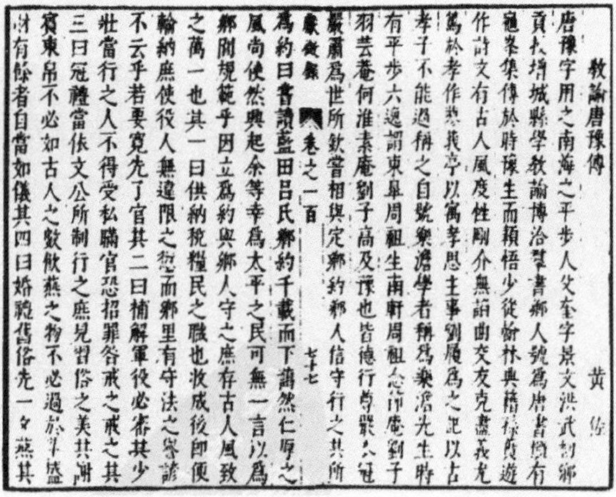

教諭唐豫傳　黄佐

唐豫字用之南海之平步人父奎字景文洪武初鄉貢太增城縣學教諭博洽羣書鄉人號為唐書櫥有龜峯集傳於時豫生而穎悟少從鄉林典籍孫蕡遊作詩文有古人風度性剛介無諂曲交友克盡義尤篤於孝作慕莪亭以寓孝思主事劉履為之記以古孝子不能過稱之自號樂滄學者稱為樂滄先生時有平步六逸謂東臯周祖生南軒周祖心竹庵劉子羽芸菴何淮素庵劉子高及豫也皆德行尊衆六逸嚴肅為世所欽嘗相與定鄉約鄉人信守行之其所

卷之一百　七十七

為約曰昔讀藍田呂氏鄉約千載而下藹然仁厚之風尚使然興起余等幸為太平之民可無一言以為鄉閭規範乎因立為約與鄉人守之庶存古人風致之萬一也其一曰供納稅糧民之職也收成後即便輸納庶使役人無違限之怨而鄉里有守法之譽諺不云乎若要寬先了官其二曰補解軍役必審其少壯當行之人不得受私矚官恐招罪咎戒之戒之其三曰冠禮當依文公所制行之庶見習俗之美其鬧賓束帛不必如古人之數飲燕之物不必過於華盛財有餘者自當如儀其四曰婚姻舊俗先一夕燕其

《教谕唐豫传》

《平步乡约》中，强调冠礼时所备束帛、宴席不必过于华盛，也规定父母丧礼上不得摆宴、当以素蔬待客，更有子弟成长应远离衣着华丽、赌博、狎妓、酗酒等奢行恶习的严正告诫。这份公共规约展现了理想的行为模式：量入制出，戒除奢欲。在物质生活上有所约束，合乎相应的礼仪与规范，无疑是“平步六逸”所认同的美德，由此能够实现的是对私欲私心的洗涤升华，渐近人人廉俭为公的社会理想。

《广州人物传》记载，唐豫等人制定的十则乡约得到乡人的信守，其仅推行一年，就取得优良成效，相关争议也就此终结。久之，当地颓丧旧习渐渐革除，迎来新风貌。广东的其他地方也争相推行《平步乡约》，让廉俭公正的风气吹拂不息，惠泽后世。

清白传芳

唐璧，唐豫之子，承袭了唐氏家风，言行举止必遵礼法。唐璧有诗《奉诏还京》："圣主褒崇柱石才，天书遥使凤衔来。行囊不贮殊方物，惟带清风两袖回。"诗中表达了出不贪不吝、忘私守廉的清正精神。面对乡老接续父亲唐豫之手完成建造的青云馆，唐璧有感而咏："经营未遂当年志，继述俄成此日心……几回默坐思遗训，涕泪潸然自不禁。"

薛侃《乡约》：华衣美食，骄淫之渐也

◆ 廉箴古训 ◆

乡约（节选）

一闺范。人家不正，皆由内外不严，或容牙婆往来，或使女婢出街，交通引染，由小及大，家中又不得搬演乡谭杂戏，荡情败俗，莫此为甚，俱宜痛革。

一蒙养。人家子弟，自幼习扑詈人，狎侮尊长父兄以为喜，稍长，与群儿竞，手探外物，入室亦以为喜，又华其衣服，美其饮食，以为钟爱。不知小者大之渐。习扑詈，侮尊长，争斗，悖逆之渐也。探外物，盗窃之渐也。华衣美食，骄淫之渐也。爱子弟者，自幼慎之。

◆ 品训说廉 ◆

“一门三进士，六子四登科”。广东揭阳的

薛氏一门，在明代中期进士屡出，良官多现。两代薛氏族人都以民为本，清廉正直，为生民百姓谋福利、办实事。其族人制定并推广践行的乡约，简明切要，传递出廉俭养德的处世智慧。

作为揭阳薛氏的翘楚之一，薛侃（1486—1546）精于阳明心学，在政治与公共事务方面则善举颇丰。在明代乡约制度广泛推行的背景下，薛侃也制定了与揭阳地方相适应的乡约，在婚丧、蒙养、处事等事务上确立清正切实的行为规范，推广应用于乡内。这些强调修德守正的乡约，既是对乡民的引导教育，也是薛侃本人心之所向、身之所行的见证与宣言。

实际上，薛侃的仕途并不顺遂，其间一度因卷入党争而入狱，最终被削职为民。然而，“居官则思益其民，居乡亦思益其乡”，身份与环境的变化，并未曾对薛侃的廉行勤德有半分影响。回到家乡后，薛侃以公共利益为重，办了很多有利于民生的好事、实事，包括立祠训、兴教化、浚溪、修路、捐田等。

其中，他所倡导浚通的溪流，至今仍为当地重要的灌溉与排涝沟渠。在当时，薛侃注意到，乡里桑浦山前两条相错十里的溪流互不贯通，对农业灌溉、经商货运、舟楫交通造成极大不便。经过对二溪地形的观察评估，薛侃向潮州知府提出了浚通二溪的倡议。而官府启动此工程的布告一经发出，乡民云集响应，翌年顺利完工，极大地改善了当地百姓的灌溉与交通条件。也因薛侃关切民生、推动民愿的落实，百姓们依照其“中离先生”的称号，将浚通后的溪流命名为中离溪，以示敬谢。“行义在乡里，名节在朝野”，是清正奉公的薛侃收获的高度评价。

清心正道，体现于乡约、祠训的字句之中，

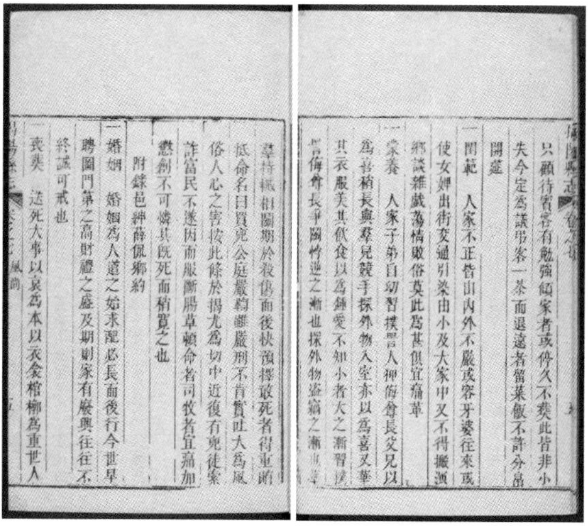
只顧待賓客有勉強傾家者或停久不獲此皆非小
失今定為議弔客一茶而退遠者留菜飯不許分[illegible]
開筵
一閨範　人家不正皆由內外不嚴或容牙婆往來或
使女婢出街交通引誘由小及大家中又不得搬演
鄉談雜戲為情敗俗莫此為甚俱宜痛革
一蒙養　人家子弟自幼習撲詈人押侮尊長父兄以
為喜稍長與群兒競手採外物入室亦以為喜又華
其衣服美其飲食以為鍾愛不知小者大之漸習技
皆侮尊長爭鬭忤逆之漸也採外物盜竊之漸也等

尋持械相圖期於殺傷而後快預擇敢死者得重賄
抵命名曰買兇公庭嚴鞫雖嚴刑不肯實吐大為風
俗人心之害按此條於揭尤為切中近復有兇徒索
詐富民不遂因而服斷腸草賴命者司牧者宜痛加
懲創不可憐其既死而稍寬之也
附錄邑紳薛侃鄉約
一婚姻　婚姻為人道之始求配必長而後行今世早
聘圖門第之高財禮之盛及期則家有廢興往往不
終誠可戒也
一喪葬　送死大事以哀為本以衣衾棺槨為重世人

薛侃《乡约》

更加实现在薛氏望族为官处世的具体实践里。薛侃及其兄弟、侄辈，在科举、居官、孝道等方面的学问与德行，都广受认可和赞誉。正是以乡约在衣食住行等方面倡导的廉俭为基础，薛氏家族培育出戒奢戒躁、崇德重义、清明廉洁的优良家风，时至今日，仍在无声润泽岭南大地。

清白传芳

薛宗铠（1498—1535）是薛侃的侄子，明嘉靖二年（1523）癸未科登进士，初授江西贵溪县令，丁父忧后起补福建将乐知县，又迁福建建阳县令。在其任职期间，严查严惩贪污腐败，拆毁造成浪费的淫祠，为百姓减免赋税，修建学宫，设置赡田以救济穷人。薛宗铠奉公廉明如此，明人誉之“直言无畏，忠鲠之臣”。

肆

官箴倡廉

余靖《从政六箴》：政为民纲，清本士节

廉箴古训

从政六箴之“清箴”

政为民纲，清本士节。立于寡过，先乎自洁。根不坚固，枝必颠折。

君子临财，贵乎无苟。计日受禄，孰忧不足？饮马投钱，孰曰非贤？不义如云，前圣所陈。不贪为宝，先儒之道。去惑畏知，千古仰之。呜乎！幽有鬼神，明有斧钺。贪彼赇饷，过乎豪夺。罪盈于贯，阳诛阴罚。何如砥砺，清名不灭。

品训说廉

自北宋时期，广东曲江的余氏家族就是享有清廉贤正美名的仕宦之家。余氏先祖余靖（1000—1064）从政四十一年，官至工部尚书，一生为国竭忠尽智。其所写就的《从政六箴》，以良言警世，

不断激励后人居官当修身律己，廉明公正。

在漫长而复杂的仕宦生涯中，余靖对为官之道进行了深刻思考，撰写了《从政六箴》，总结出“清、公、勤、明、和、慎”六字箴言，强调清廉是从政的根基，与公正、勤勉、谨慎等原则相生相随。无论在何处何职，余靖始终以此箴言作为自己

余靖

的行动规范。

秉公无私，两袖清风，正是余靖一直身体力行的从政原则。嘉祐六年（1061），余靖以尚书左丞知广州。在任上，余靖将金钱视为身外物，不吝不贪，反而化私为公。到下属州府察访时，端州府赠送给他一方端砚，高州府则呈送两颗图章，他拒绝收受礼物，最后自掏银钱买下。朝廷给他的赏钱，则被余靖全部送至广州军资库内，充作公用。同时，他还抽取自己的俸禄用以接济赤贫的士民。在日常方面，他提倡轻车简从，整改官场上讲究排场、铺张浪费的恶习。上任与卸任之际，也拒绝他人迎送，贯彻廉简主张。

广州素来物产丰富，又一向是对外贸易的重要港口，土特产与舶来品十分丰富。余靖在广州任职近五年，迁升行将离开广州之际，却着实“不载南海一物”。朱熹赞曰：“其廉洁谨行，可见一斑”。

清廉为镜，光照万代。余氏后人取宋仁宗评余靖“风采第一，广南定乱，经略无双”之语，以“风采”为家族堂号，更将余靖的箴言与品行代代相传。余氏家族以“风采”为训，强调清廉正直，为当代家庭、家风建设提供借鉴，推动“廉洁齐家”的社会风尚。余靖《从政六箴》的清正原则，从仕宦生活中萃取汇集而来，又如清流入海般复归到官场实践里，在历史实践中被反复验证，其核心原则——“清、公、勤、明、和、慎”，对现代廉政体系建设仍有指导意义。

清白传芳

余叔英（1034—1115），是余靖的第三子。其自幼聪颖过人，勤奋上进，天赋过人，于皇祐四年（1052）登明经进士。政和年间，余叔英到潮州任知军州事。在任上，余叔英一心为民，勤政廉行。他重视文化教育，大力倡导扶持书院建设，处事刚正不阿，清廉自重。一生承袭家风，政声显著。

张津《官箴》：取一文，官不值一文

廉箴古训

官箴

宽一分，民受赐一分；

取一文，官不值一文。

品训说廉

广东古邑博罗的瓦屋张氏，为当地望族。自宋以来，其族代有才人出，簪缨不绝，仕进不断。瓦屋张氏历代为官者，均抱定清正之心，笃行贤明之志，颇有清誉美名。其数代流传的一句官箴，字字珠玑，掷地有声，时时提醒人们保持清正宽厚的居官胸襟。

张津（1464—1518），是明代中期瓦屋张氏的俊杰。成化二十三年（1487）中进士后，张津任福建建阳知县。为表明清志，他亲笔在县衙的门屏上写下“宽一分，民受赐一分；取一文，官不值一文”的廉政箴言。其意为，官府对百姓要实行宽惠的政策，这样才能造福于民。宽惠一分，百姓则受惠一分；为官者不能贪取一分一厘，方称得上为官清正、廉洁奉公，如因贪而取一文钱，则官品不值一文钱。此后在南安知府任上，张津为浙江海宁谯楼撰联时，也沿用此句，可见张津在宦海生涯中将此语时刻铭记在心。

内化于心，外化于行，张津身体力行，将箴言清志落实在为官的一举一动之中。他在建阳任职前后七年，实实在在地服务百姓、廉洁勤政。他重视百姓赖以生存的农桑问题，体恤民情，深入民间，常常身着便服、脚踩草鞋地去乡间了解农民的耕种情况。遇到灾情，他同样亲自下乡查看，统计受灾人数，核发赈济粮食，不仅在未来得及向上禀报的前提下，冒着获“自专”罪名的风险拨出赈济款项，还以官府名义作保，劝说富商将余粮借给本村贫民度过荒年。正是张津所行的这些恤民举措，才使得灾民顺利渡过灾情，免于饿死。为助民度过难关，张津不仅施行仁政，甚至自出钱财。得知建阳县有人家卖妻女偿税者，他便使用自己的薪俸代其缴纳。调离建阳后，张津历任多职，但时刻不忘清廉正直的本心，不占取百姓的一文钱，仍旧宽

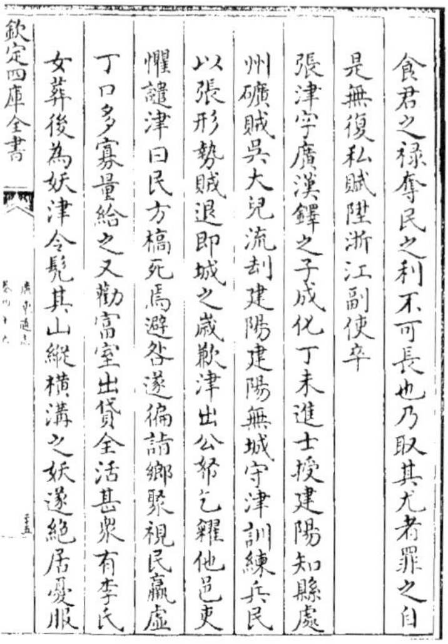

食君之禄奪民之利不可長也乃取其尤者罪之自
是無復私賦陞浙江副使卒
張津字廣漢鐸之子成化丁未進士授建陽知縣處
州礦賊吳大兒流刦建陽建陽無城守津訓練兵民
以張形勢賊退即城之歲歉津出公帑乞糴他邑吏
懼譴津曰民方槁死焉避咎遂徧詣鄉聚視民羸虛
丁口多寡量給之又勸富室出貸全活甚衆有李氏
女葬後為妖津令髡其山縱横溝之妖遂絶居憂服
欽定四庫全書
廣東通志
卷四十六

《广东通志》中记载张津“恤民”之举

厚勤政，体恤民生。朝廷亦明其政绩，谓其“历官清谨”。

清心仁意，举族如是。张津的廉明施政，是瓦屋张氏清白家风所滋养培育的善果，也升华铭刻出宽厚仁政、清白自重的警戒箴言，让清白家风代代相传、接续不断。不仅如此，这句箴言还传播开来，为后世廉官争相化用，清代被康熙赐予“天下清官第一”称号的张伯行便是其中一员。可见不仅瓦屋张氏的后人，还有更多的后世官员，都将此箴言作为自己为官的座右铭，克己奉公，廉以居世。

清白传芳

张萱，明万历十年（1582）举人，瓦屋张氏族人。曾于苏州浒墅关（在今江苏吴县西北）任差榷（即管理专营买卖的官职），张萱极意宽商，剔除各项损害关政的措施。遇上荒年，张萱则在关门口捐赈，救济灾民及各学校贫困生员；同时关心地方民生，加强公共建设，重建义仓，修葺公堤、浒墅先师庙、城隍庙等。张萱不仅廉洁从政，仁厚待民，亦博识通经，著述颇多。

叶春及《爱民施教卷》：政苛民残，怨怼之声作矣

◆ 廉箴古训 ◆

爱民施教卷（节选）

上不爱民则政苛，政苛则民残，民残则怨怼之声作矣。上爱民则政平，政平则民安，民安而喜乐之声作矣。

◆ 品训说廉 ◆

由商入儒，再涉仕途，是广东惠州的叶氏家族的发展轨迹。但无论为商、为儒还是为官，叶氏族人始终仁义守诚、刚正不阿，多受时人称赞。叶春及所写的一段官场格言，恰好以政之“苛”“平”作对，反衬出叶氏家族仁厚爱人、为民奉公的高尚品格。

叶春及（1532—1595），是惠州叶氏的七世孙，也是惠州叶氏由儒入仕的第一代。其对官场政

治有深刻的洞见，在其《石洞集》的《爱民施教卷序》中，论述了官与民之间、政策与民生之间的关系，强调官员应当爱民亲民，施行仁政，方可实现政治清明、百姓安乐。这段论说，也被入仕为官的叶春及铭记在心，付之于行。

叶春及居官从政，仁心依旧，他的选择是廉

叶春及

明自重、同百姓将心比心。明隆庆四年（1570），履任惠安知县前，叶春及先命人在县署贴出三张告示：一是“止迎”，禁止各种迎来送往；二是“禁供俱”，不享受特殊照顾；三是“偿舆马价”，不中饱私囊、假公济私。正式履任之后，为了对当地风土民情有更多的了解，他还发布了《咨访》，以平等对话的姿态寻求与当地民众的交流。

叶春及倡导廉明仁政，严禁其他官员损公肥私、侵犯百姓，自己也躬身实践、廉俭勤干。平时外出公干，叶春及都住在僧舍之中，节约公费；境内出现田地纷争，他都要亲自去丈量，保障处理结果的公正，即便因此得罪权贵也在所不惜。其实，叶春及的无畏来源于忘私，只有不在乎一己之利的人，方能挺身而出，为民发声。《明诗综》记载，叶春及还拒绝过一个想在惠安歇脚的朝廷钦差御史，只为减轻惠安百姓兴师动众的接待负担与麻烦，他也由此获得了“硬颈知县”的称号。

清风传家，仁心不移。叶氏一族居官者，传承着叶氏仁义守诚的家风，以叶春及强调爱民的官箴为警世良言，视其为清正仁厚居官的榜样，把宽厚爱民、公而忘私的精神一代一代地延续下去。

清白传芳

叶梦熊（1531—1597），叶春及的侄子，明朝大臣，军事家。嘉靖四十年（1561）举人，嘉靖四十四年（1565）进士，官至尚书。其出任福清知县时，革除福清官场考试舞弊、贪污肥私的积弊，肃法秉公、严惩贪吏，全县大治。在任赣州知府时，他废除苛捐杂税，打击贪腐，对辖内官员设立月度考核制度，成效卓著。叶梦熊亦治兵有方，有平乱之功。

唐伯元《为令四说》：任宦者当以权要为冰山

廉箴古训

为令四说

信当路易，信同官难。信巨室易，信小民难。民乎民乎，果能视如伤，保如子。然而巨室不慕者，未之有也。是谓信友获上之道。

任宦者，当以权要为冰山，以士民为泰山。然不可媚下，不可亢上，各有以处之。君子正己以先人，亲贤而容众，行有不得，惟在反己。

自上官而乡贵，而过客，而细民，一一责望于我，岂能使之无怨，我无怨焉。可也，我洁己爱人，尽分而已矣，其实分未易尽。

钱粮词讼最是难清，火耗罚赎最是易染。难清者勿厌细心，自就条理。易染者必令分明，人人共见。

◆ 品训说廉 ◆

唐伯元（1540—1597），字仁卿，号曙台，潮州府澄海县人，为政、为学都颇有声名。其一生勤政爱民，恪守清廉，受到百姓爱戴，开一代家风。《明史》有评语道："伯元清苦淡薄，人所不堪，甘之自如，为岭海士大夫仪表。"

"任宦者，当以权要为冰山，以士民为泰山。"唐伯元在《为令四说》中论述官员与权力、百姓间的关系，确立以民为本的为官准则。实际上，这也正是他在仕宦生涯之中不懈努力的方向。

百姓分量有如泰山，权力却只是易于消融的冰山，前者重，后者轻，唐伯元深悟此道，竭力通过官权为百姓谋求福利。在任江西万年知县时，唐伯元带领百姓兴修水利，裁减积赋，以德化俗，广施惠政，使万年县的民生状况显著改善。此后调至泰和任知县，唐伯元同样为百姓做好事、做实事，置社仓、扩县学、修县志，而坚拒捐纳买官的风俗，革绝请托恶习。在其离任时，两县的百姓都不舍唐伯元离去，建生祠以纪念他。为了纪念他的功绩，潮州府在府城大街羊玉巷口为其建造一座"理学儒宗、铨曹冰鉴"牌坊，意指他在吏部任职时，冰清玉洁，堪为人镜。

“理学儒宗”牌坊

其最为人称道的，则是任职吏部文选司期间，唐伯元推行掣签选官法，以彻底抑制买官卖官和请托之风。这与唐伯元的政治主张恰是一脉相承的。权力当为重如泰山的百姓服务，而非被金钱与人情轻易收买，反过来宰制百姓、鱼肉百姓。恪尽职守、纯粹为民，才是唐伯元理想的仕宦之道。

清风习习，吹拂后世。在潮州市湘桥区，重建后的唐伯元故居巍然屹立，并成为湘桥区廉政教育基地。故居中厅的墙壁上，悬挂有唐伯元《为令四说》中的这则官箴，民为泰山，权如冰山，淋漓尽致地展现出唐伯元为民务实、清廉勤政的为官思想。

清白传芳

田生金是唐伯元的学生。唐伯元任泰和县知县时曾为其平反冤案，田生金出狱后，上京赴试，于明万历三十年（1602）考中进士。被选入翰林院供职，后升任太仆寺丞。他一直与唐伯元以师生相称。曾任广东巡按，亦体恤百姓，深查民间疾苦，革除苛捐杂税，抚恤贫困灾民。当时的两广总督周嘉谟称其举如“和风煦而甘霖濡”。

颜氏官箴：公生明，廉生威

廉箴古训

三十六字“官箴”

吏不畏吾严，而畏吾廉；民不服吾能，而服吾公。廉则吏不敢慢，公则民不敢欺。公生明，廉生威。

品训说廉

“一门三世四节钺，五部十省八花翎。”在广东连平，颜氏家族是清代有名的官宦世家。颜氏一门祖孙三代任高官长达百年，清廉公正、亲民爱民之名，至今仍为后世所称颂。其世代相传的一段三十六字“官箴”，字字如金，时刻告诫后人做官要公正无私、清正廉明。

颜希深（1729—1780），是连平颜氏的五世祖，也是连平颜氏进入仕途的第一代。相传，他任山东泰安府知府时，无意间在府衙墙壁上发现了明代名臣年富所作的这段三十六字“官箴”，读后大受启发，便将其重新刻石，移到府衙西边走廊，并在碑文后面写了跋文。此后无论调任何处为官，他都将此碑文拓片常带身边，以为座右铭。

颜希深一生明于吏事，居官公廉，以此箴言率先垂范，积极践行。乾隆二十六年（1761），济宁德州突发洪水，百姓流离失所，地方一片混乱。其时，颜希深在任济宁知府，他亲自带领手下官员抢

官箴碑

险救灾，安抚灾民，甚至在来不及向上司禀报的情况下，冒着生命危险开仓放粮、救济灾民。恰逢乾隆皇帝沿大运河下江南巡游，来到济宁却不见官员接驾。颜希深接到消息后，匆匆赶回府衙迎接。皇帝见他蓬头垢面，一身泥水，更嘉许其身临监督、救济灾民之举，不仅转怒为喜，还赦免了他“擅开官仓”之罪，鼓励他“清操自励”。不久又调任江西布政使、湖南巡抚等职。他初心不改，到哪里都勤勉从政、清廉做人。

清白之心传家风。为官一任，亲民爱民，是颜氏三代践行三十六字“官箴”的具体体现。每代均将此三十六字官箴刻碑作跋，每莅新任都携碑上任，既警诫自己，又警示他人。他们为官的一生，始终以三十六字官箴作为做官的格言，用来鞭策和约束自己，以清正廉洁、亲民爱民、忠贞爱国的精神惠泽后世。朱镕基总理在主持国务院工作期间，曾经先后在多个场合引用这则官箴，并说到他从小就会背诵这段箴言，他希望每个官员都能明白这个道理。其从政为民、廉洁奉公、敢作敢为、不畏艰险的为官作风也留给人民群众深刻的印象。

◆ 清白传芳 ◆

颜检（1757—1832），颜希深之子。道光元年（1821）任福建巡抚期间，上书力谏停止进贡荔枝、素兰心等贡品，禁止在直隶“按地一亩摊征差银一分”。《连平州志》记载，颜检归里后，布衣草笠，出入不用仆从，乡中人多不知其为贵官。在连平城颜检故居“宫保第”，刻有楹联：“清白存心，精勤任事；勉为良吏，力挽颓风。”其子颜伯焘（1792—1855），受祖父辈的良好思想影响，秉性刚正不阿，“娴习吏治，所至有声”。针对当时的鸦片泛滥流毒的社会问题，颜伯焘直谏上奏道光帝，以家乡连平为例，痛陈鸦片流毒泛滥之害，表示要极力清除社会积弊，多方整顿旧章，责令地方对鸦片“善为禁制”。